디카시 아카이브
(dicapoem archive)

디카시 아카이브
(dicapoem archive)

2024년 8월 13일 초판 1쇄 인쇄
2024년 8월 20일 초판 1쇄 발행

지은이 | 천융희
펴낸이 | 孫貞順
펴낸곳 | 도서출판 작가
　　　　(03756) 서울 서대문구 북아현로6길 50
　　　　전화 | 02)365-8111~2　팩스 | 02)365-8110
　　　　이메일 | cultura@cultura.co.kr
　　　　홈페이지 | www.cultura.co.kr
　　　　등록번호 | 제13-630호.(2000. 2. 9.)

편집 | 손희 김치성 설재원
디자인 | 오경은 이동홍
마케팅 | 박영민
관리 | 이용승

ISBN 979-11-90566-97-1 (03810)

* 잘못된 책은 구입하신 서점에서 바꾸어 드립니다.

값 15,000원

디카시 아카이브
(dicapoem archive)

천융희 디카시 해설집

작가

■ **저자의 말**

경남일보 '천융희의 디카시로 여는 아침'에 연재한 글을 묶는다. 매주 발표(2015.6-2020.12) 되는 디카시를 선정하여 읽고 그 느낌을 기록한 해설집이다. 마침 디카시가 발현한 지 꼭 20년째 되는 해로 설렘과 고마움 그리고 뿌듯함.

본격문학으로서 디카시의 미학적 가치는 이제 100년을 향해 거침없이 간다. 확신한다.

2024년 8월 천융희

차례

저자의 말

part1.
오래된 증거 강옥 · 010
명의 권현숙 · 012
네 알고 내 알고 하늘이 알고 땅이 알고 김영주 · 014
은퇴 후 김종순 · 016
가족 마경덕 · 018
친구 민정순 · 020
백악기의 입구 박우담 · 022
동행 서일옥 · 024
낙조 양향숙 · 026
이무기 이기영 · 028
사랑 이선화 · 030
바람 장옥근 · 032
내 안에 너 있다 정지원 · 034
횡단 조영래 · 036
사랑 최춘희 · 038
소 홍지윤 · 040

part2.
상처 강영식 · 044
터져라, 꽃 김영빈 · 046
굴기 김종순 · 048
투영 리호 · 050
꽃잎 편지 박완호 · 052
가을 박지우 · 054
밥줄 박해경 · 056
무단침입 서연우 · 058
비움 나무 신정순 · 060
폐선 신혜진 · 062
희망의 사다리 이승삼 · 064
벽화 이종섶 · 066
홀릭 정혜경 · 068
인생살이 최일형 · 070
행복 허숙영 · 072
대리 출석 황주은 · 074

part3.

장마 강영식 · 078
친구 기분도 중요해 김사륜 · 080
웃긴 놈 김석윤 · 082
기약 김인애 · 084
밥이 기다려요 문성해 · 086
장엄한 밥상-상족암 박종현 · 088
빗물여인숙 박해람 · 090
아버님 전 상서 심재휘 · 092
건널목 풍경 오정순 · 094
비밀 이문희 · 096
모정母情 이상윤 · 098
유골함 이시향 · 100
출항과 귀항 사이 장한라 · 102
바다의 가슴 주강홍 · 104
능소화 최해숙 · 106
그렁그렁 황시언 · 108

part4.

귀울음 공영해 · 112
공룡알 김윤숭 · 114
( ) 김임순 · 116
시련 김정수 · 118
안부가 궁금하여 나석중 · 120
눈 온 날 나혜경 · 122
동맥경화 박동환 · 124
자대 배치 박문희 · 126
늦가을 박주영 · 128
시계 박현솔 · 130
틈 이서린 · 132
밥 이용철 · 134
어미의 손짓 정이향 · 136
팽이 진효정 · 138
상처 한경용 · 140
부실공사 황려시 · 142

part 1.

선사시대에도 부부싸움이 있었다

그때도 목소리 큰 사람이 이겼다

- 강옥(수필가),「오래된 증거」

인류의 문화사적 진화는 언제부터였을까. 약 2만 년 전쯤에서 부터라고 추정하는바, 그 이전 시대를 선사시대라고 부른다. 문자로 쓰인 기록이나 문헌 따위가 없는 시대를 일컬으며 역사 이전 시대라고도 한다. 그렇다면 작가가 순간 포착한 이미지는 오롯이 신이 만든 작품이며 자연을 통한 신의 언어가 오늘에 이르러 우리에게 전달되었다고 보는 것이다. 이는 가장 오래된 신의 전언을 귀로 듣고 목도하게 됨을 의미한다. 또한 작가의 의식 밑바닥에 깔려있는 상상력을 독자들도 함께 공감하게 됨으로 한층 재미를 더하고 있다.

수면 아래를 가려보면 참으로 다정다감한 부부의 모습이 아닐 수 없다만, 손을 떼어보면 감춰진 부부의 내면을 들여 보듯 참으로 역설적인 디카시로 다가오는 작품이다. 저 때의 목소리 큰 사람은 누구였을까. 모르는바 아니겠지만 말이다.

커다란 흑싸리 한 줄기
삭신에 피어났네
한평생 날이 선 팽팽한 신경줄
이제는 그만 놓아버리고 싶은데
눈치 없는 주인장 이리 또 나를 살게 하시네

― 권현숙(수필가), 「명의」

찢어진 담벼락의 꿰맨 자국을, 화투짝에 그려진 흑싸리로 떠올린 시선이 꽤 다정다감하다. 무너진 담벼락을 쌓아 올리는 여느 모습과는 달리 옷감을 기우 듯, 주인의 기발한 대처법이 그렇다. 거기다가 명의라는 제목은 디카시의 묘미를 한층 더해주기까지 한다. 이렇듯 디카시는 영상과 문자가 결합하여 재해석 되는 순간 깊은 감동을 주게 된다.

삶이란 게 나름 잘 달려왔다 싶어 뒤돌아보면 빈껍데기로 덩그럴 때가 많다. 가파른 계단을 오르내릴 때처럼 지쳐 나른하고 정신이 몹시 불편하여 주저앉고 싶을 때가 다반사. 하지만 사방에서 손 내밀어 일으켜 세워주는 위로와 격려가 있지 않은가. 인생이 언제나 광땡일 수는 없는 법, 끗발을 쥐고 끝까지 살아보는 거다. 마지막 행의 반전이 이 시를 살려주고 있다. 사랑스런 詩월이다.

가린다고 가려지나
덮을수록 더 환하게 드러나는 법

- 김영주(시인), 「네 알고 내 알고 하늘이 알고 땅이 알고」

중국 후한의 정치가 양진楊震이 태수로 부임하는 도중 부하관리 왕밀이 뇌물을 건넸다. "아무도 아는 사람이 없으니 안심하고 받아 주십시오"라는 말에 양진이 "하늘이 알고 땅이 알고 네가 알고 내가 알지 않느냐天知地知子知我知"며 호통을 치므로 사지四知라는 교훈을 남겼다고 한다. 이처럼 뇌물에 관한 부정행위는 본인이 제일 잘 알고 있는 법. 수치를 모르는 데서부터 부패는 시작되는 것을 우리는 명백히 보고 있다.

그러니까 시인의 말대로 거짓말 또한 가려진다고 끝까지 가려지는 게 아닐 것이다. 정치인들에게 국한되는 것은 아니겠지만, 탈무드에 보면 '한 겹의 거짓말과 두 겹의 거짓말은 단순히 거짓말이고 세 겹의 거짓말은 정치다.'라는 말이 있다. 어쨌든 이번 참에 훤하게 다 드러나기를.

온몸으로 치러 낸 숱한 전투들
젊음과 맞바꾼 자랑스러운 상처

전리품 같은 마른 시간을
움켜쥘 힘이 있는 한
날개 접지 않으리

— 김종순(시인), 「은퇴 후」

사람에게 각자 지문이 있듯이 잠자리 날개에도 각기 다른 패턴의 무늬가 있다. 그 표면에는 거친 버팀목 형태의 조직이 있으며 공기의 소용돌이(와류)를 이용하는 잠자리의 비행술은 항공과학자들의 연구에 매우 중요한 테마로 활용되고 있다고 한다.

1분에 수백 마리의 모기를 포획 가능한 걸 보면 찢긴 날개의 상처는 한 생이 맞닥뜨린 전쟁과도 같은 삶의 현장이었음을 입증한다. 이에 마른 시간만이 그의 전리품이었다는 사실과, 살아 있는 동안 날개를 접을 수 없는 이유를 우리는 잘 안다. 은퇴 후, 텅 비어있는 통장을 들여다보면 어깨를 늘어뜨리고 있을 시간이 없다는 것이다. 남은 수명을 대략 헤아려 보는 저이에게 허공마저도 캄캄절벽으로 다가오는 까닭이다. 이 땅의 가장들에게 자랑스러운 훈장 하나씩 드리고 싶어지는 가을 들녘이 왜 이렇게 허허롭기만 한지.

하루가 저물고
가족이 한자리에 모였다
크고 작은 마스크들
오늘도 제 할일 마치고
나란히 쉬고 있다

– 마경덕(시인), 「가족」

가족관계를 증명이라도 하듯 집집이 장소를 달리하여 간격을 유지하고 있는 마스크. 21세기 전대미문의 풍경인지도 모른다. 중단할 수 없는 일상을 위하여 어디든 함께 한 마스크는 코로나 19 예방법의 최전선이었다.

불안한 징조와 함께 서막을 알린 코로나 19가 펜데믹 상태를 지나, 전염력이 강한 두 질환이 동시에 발생하는 투윈데믹에 이르렀다. 가을의 문턱을 넘어가며 독감의 합세가 위협을 가하는 것이다. 백신이 나오기까지는 종식의 때를 그 누구도 가늠치 못하는 상태. 하지만 절망 앞에서도 꺾을 수 없는 희망이 있지 않은가. 일체감을 갖고 지혜롭게 대응해 나갈 때, 최고의 백신은 바로 인간의 존엄성을 으뜸으로 여기는 휴머니즘인 것이다. 먼 후일, 저 한 장의 가족사진이 우리에게 어떻게 기억될까. 그나저나 '오늘 하루도 다들 수고하셨습니다.'

사연이 빼곡한 동네
서로가 닮아 있는
우정의 집 한 채 짓고
사랑나무 한 그루 심는다

― 민정순(시인), 「친구」

친구란, 親(친할 친) 舊(옛 구)로 오래도록 친하게 사귀어 온 사람을 일컫는다. 어리다고 왜 사연이 없겠는가. 저들 나름대로 말 못 할 짐들이 왜 없겠는가. 인디언 속담에 '친구란, 내 슬픔을 등에 지고 가는 자'라는 말은 참으로 친구에 대한 친밀함을 뜻하고 있다. 혼자가 아닌 둘이 나란히 빈 공간을 찾아 가슴이 전하는 말을 기록해 보는 일. 우정이자 '친구는 제2의 자신(아리스토텔레스)'인 것이다.

이와 같이 다정다감한 방식의 낙서인 반면, 최근 서울 청계천에 세워진 베를린 장벽에 그라피티Graffiti로 누군가 공용물건손상을 입힌 일이 있었다. 분단국가의 독일을 거울삼아 이 땅에도 통일이 이뤄지기를 기대하는 마음에 세워진 고유 설치물에 참으로 난감하고 부끄러운 행동이 아닐 수 없게 되었다.

외눈박이 거인이여!
나는 어디로 가는가
시간의 파편들이 통과한 나는
빛인가
어둠인가

— 박우담(시인), 「백악기의 입구」

반쪽 상실의 아픔이 외눈 가득하다. 비대칭 얼굴을 가진 외눈박이 거인 폴리페모스. 고대 신화 속에 등장하는 거인의 형상 앞에서 시인은 끊임없이 질문하고 있다. 그렇다면 '나는 빛인가 어둠인가, 대체 나는 어디로 가는가'. 나를 통과한 시간들이 온통 파편이었다면 그 통증을 남모르게 싸매며, 견디며 여기까지 왔단 말이겠다. 현실은 무시로 그에게 희생을 원했을지도, 아니 희생을 자청할 수밖에 없는 현실이었는지도 모른다.

각설하고 이쯤 되면 어느 한쪽 기우뚱하겠으나 지리산에 사는 그의 어깨는 늘 반듯한데, 그 버팀목의 하나가 어쩌면 시인으로서의 삶인 까닭이 아닐까. 그러니 오늘 밤도 귀뚜라미 울음에 오랫동안 곁을 내주고 있을지도 모른다. 물음에 대한 해답을 잊은 채 말이다.

서로 어깨 기대며
두 손을 맞잡고
하루를 건너가는 길
따스하다
이 저녁

- 서일옥(시인), 「동행」

또 하루를 견디다 보면 슬며시 기대고 싶은 어스름 저녁이 오기 마련이다. 호젓한 밤길의 그림자 위로 쏟아지는 달빛의 고백적인 어조를 따라가 본다. "오늘 하루도 전방위적으로 치열하게 싸웠음을, 그럼에도 불구하고 같은 하늘 아래, 같은 방향의 길을, 같은 마음으로 걸어가고 있음을." 이야말로 진정한 동행의 참뜻이 아닐까. 이는 서로 하나가 되기 위해 깎고 다듬으며 맞춰왔던 세월 속으로 켜켜이 쌓아온 신뢰가 담보되어 있다는 뜻이기도 하다. 곁을 주어 서로에게 힘이 되어 준다면 어둠 속 안개 낀 길일지라도 용기를 낼 수 있다고 믿는 것이다.

그림자의 기척에서 울림을 건져 올리는 기민함과, 감흥의 메시지를 수용하고 전달하는 시인의 깨어있는 자세가 엿보이는 작품이다. '일상이 예술로 예술이 일상화'되는 따스한 순간이다.

홀로 사위어갈 빛이라도
한 번은 눈부시고 싶다

누군가의 가슴을
뜨겁게 달구진 못해도
은은한 빛으로 기억되고 싶다

- 양향숙(시인), 「낙조」

붉게 지는 해에게로 내달려 본 적 있는지요. 손을 뻗으니 잡히던가요. 심장만 태워 놓고 하르르 져 버린 저 불덩어리, 여명의 노을빛은 왜 그리도 오랫동안 사라지지 않는 거죠. 아른거리는 거죠. 그렇다면 우리도 언젠가 한 번쯤은 눈부셨던 건 아닐까요.
만나지 못하는 거리에서 더욱더 커지는 그리움을 어쩌지 못해 절망중인가요. 어스름 저녁에나마 절절한 가슴을 잠시 기대어 추억을 떠올려보기로 해요. 서로가 서로에게 그리 쉽게 잊히지는 않을 거예요. 누군가의 가슴에 은은한 빛으로 흐르고 있을 테니 노을을 볼 때마다 기억해요. 그대! 걱정하지 말아요.

디카시에서 선행되는 이미지 포착은 참로 경이로운 순간이 아닐 수 없다. 시적언어가 발화되는 지점으로, 노을에서 받은 삶의 감흥이 작가의 기억을 통과하여 존재의 기호로 표출되기 때문이다.

물비늘 한 겹 껴입을 동안 천 년이 흘러가고
다시 또 천 년 흘려보내면
이 푸른 기억 다 벗을 수 있을까
물 밖이 하늘이고 하늘 속엔 물빛 흠뻑 한데
천 년이 다시 하루 같네

― 이기영(시인), 「이무기」

죽어, 물속으로 쓰러져 오래된 나무가 마치 이무기의 형상을 닮았다고 여긴 것이다. 이무기란 용이 되기 전 상태의 구렁이로 천년동안 물속에서 살생을 금하고 사는 수련의 영물이며, 전해져오는 여러 야사들로 말미암아 우리에게 익숙해져 있는 상상의 동물이다.

최근 매체를 통해 '잠룡潛龍'이라는 말을 자주 듣게 된다. 아직 하늘을 오르지 않고 물속에 숨어 있는 용이라는 뜻인데, 차기 대선을 앞두고 대통령 꿈에 푹 빠져있는 정치인들에게 함부로 붙여 쓰는 것을 볼 수 있다. 하지만 용이 되어 승천하기까지 천 년이라는 세월의 수련이 필요함을 되새겨 볼 일이다. 그러니까 어디선가 저 물속 잠룡처럼 비상을 준비하고 있는 한사람이 필요한 시점인 것이다.

내 안의 너
너 안의 나
떨어져 있어
영원한 마주 보기

— 이선화(시인), 「사랑」

'대칭이야말로 미학의 근본요소다'. 한국의 조각가 문신의 말이다. 그리스 철학자 플라톤 역시 미의 기준의 하나로 대칭을 꼽았으며 아리스토텔레스 또한 일정한 질서, 곧 대칭과 반복을 중요시했음을 알 수 있다. 자세히 살펴보면 사소한 옷걸이다. 하나가 아닌 둘로 일정한 거리를 두고 마주 보고 있으니 대칭과 반복의 의미가 깃든 설치작품(순천국가정원박람회)이라 해도 좋겠다.

물속으로 드리운 그림자마저 정확한 거리인 것이다. 이를 시인은 영원한 마주 보기, 사랑이라 명명命名하고 있다! 묻나니, 마주 보고 있는 것만으로도 진정한 사랑이라고 신뢰할 수 있는 그런 사람이 그대는 있는가! 끓고 있는 팔월의 지상에서 그대와 나와의 거리를 대충 가늠해 본다. 너무 멀다. 수면에 얼비치는 얼굴 하나⋯.

쉬이 잠들지 않는다

저 나무 꼭대기에 바람의 집이 있다

떠날 때 일어설 때 필요한

— 장옥근(시인),「바람」

바람이 분다. 당신이 떠나고 당신이 일어설 때, 배후의 감정은 맹목적이고 집요하다. 쉿! 저 나무는 '바람의 집결지'인 셈이며 흔들리고 있는 걸 보아 살아있음이 분명하다. 봄이 여름을 몰아 가을에 이르고 겨울에 당도하듯, 때마다 안으로 끝없이 수액을 돌리고 있었던 것이다. 그렇다면 저 바람을 삶에 대한 '열정'이라고 하면 어떨까. 지속적인 정열 말이다. 영상으로 포착하는 순간 한쪽 방향으로 집중하는 바람의 흔적에서 우리는 전심전력하는 열망의 깊이를 느끼게 된다. 바람으로 인하여 공중은 절대 화석이 될 수 없다는 사실을 말이다.

아테네 아고라 광장의 '바람의 집'에는 신격화된 바람이 부조되어 있다. 보레아스(북풍), 제피로스(서풍)등 각각 황량의 신, 온화의 신이다. 그러니 한곳에 안주하지 않는 열정의 이름이 우리에게도 부조되면 얼마나 좋을까.

세월이 지나 머리가 희끗
가슴엔 구멍 숭숭
아직 내 안의 너
붉음으로

- 정지원(시인), 「내 안에 너 있다」

나이별로 이칭이 있습니다. 30세를 입지立志, 40세는 불혹不惑, 50세는 지천명知天命. 뜻을 세워나가다 보면 그 어떤 것에도 미혹되지 않아 비로소 하늘의 뜻을 아는 나이가 된다는 의미로 읽힙니다만. 서른 즈음에 내게도 꿈이 있었던가 싶습니다. 앞만 보고 달리는 사람들 틈에 끼여 무작정 떠밀려 온 것만 같습니다. 쉰 즈음, 나날이 희끗해지는 머리카락을 쓸어내리며 매번 하늘의 뜻을 알아가려 여전히 몸부림치는 중입니다.

그럴 때마다 매번 낙심하지는 않습니다. 존 로비가 한 말입니다 "노력을 대신할 것은 아무것도 없다. 어느 분야에서든 자신이 지닌 잠재력을 총동원하라". 멈췄던 발걸음에 열정이란 바퀴를 달고 꿈을 향해 도전해보면 어떨까요. 내 나이가 어때서요.

누군가는 돌다리를 건너고
어떤 이는 눈길을 걸어가고
또 누군가는 설상가상을 넘는다

세상의 모든 횡단이여
이곳보다 저곳이 더 아름답기를

― 조영래(시인), 「횡단」

바람이 불 때마다 나는 몹시 휘청거렸다. 먹구름이 몰려올 때면 비 오는 거리를 우산도 없이 내달렸다. 앞이 보이지 않았다. 하도 캄캄해서 주먹을 불끈 쥘 때가 많았다. 나도 모르게 입술을 깨물 때도 더러 있었다. 엎친 데 덮친 격, 생사의 갈림길에서 어린것들의 눈망울을 부둥켜안고 발버둥 칠 때도 있었다. 삶! 쉽지가 않았다. 남은 돌다리 건너는 동안도 결코 쉽지 않을 듯하다. 아무래도 그렇다. 당신도 그런가?

뉘엿뉘엿 저물어가는 사람은 '설상가상'으로 눌린 저 발자국을 바라보는 순간 심장이 울컥했으리라. 그러고 보면 우리는 저곳, 소망의 나라로 횡단 중인 것이다. 끝없는 고난을 건너고 역경을 맞서 싸워가면서 말이다. 그런데, 뒤돌아 멀리서 보니 뉘 발자국이 저리도 아름다운가. 당신도 그런가!

꽃이 웃는다
나도 웃는다
수목장 나무아래
당신도 봄날 환한 햇살로
웃고 있다

- 최춘희(시인), 「사랑」

'사랑의 신탁神託'이다. 아니 '불사신'이다. 이는 둘 다 민들레의 꽃말이기도 하다. 그러니 저 노랑의 무덤 앞에서 환해질 수밖에 없지 않은가. 사물을 대하는 순간 인식되어지는 무엇으로 하여금 내가 웃게 된다면 그건 내가 당신을 사랑하는(했던) 까닭이겠다. 보아라. 계절의 반복 속에서 소멸과 재탄생을 거듭한 민들레 한 무더기 소용돌이치고 있다. 당신의 생전이 저리 환했으므로 아니, 어쩌면 당신으로 하여금 지금 내가 이리 환한 건 아닐까. 한시도 잊은 적 없는 당신을 더듬으며 따라 웃게 되는 것 아닐까.

꽃의 감정을 읽어내며 돌아서는 시인의 눈가로 분명 물길 하나가 스쳤으리라. 민들레의 곁이 되어 주는 한그루 나무 아래, 저장된 그리움이 어찌나 선명한지 말이다. 끝내 지워지지 않은….

너는 어디로 가는지
말하지 않는데
어째서 내 마음에는
느개비 내리는가

– 홍지윤(디카시인), 「소」

실려 가는 것들의 뒷모습은 왠지 불안하다. 한참 따라가다 보면 눈물이 난다. 끝까지 중심을 잃지 않으려는 듯 버티고 선 관절의 뒤태가 그렇다. 저들의 최후는 저들이 이미 알고 있는지도 모른다. 질주하는 도로 위의 트럭을 보라. 허연 거품을 물고 우왕좌왕 실려 가는 돼지 떼, 케이지에 담겨 서로의 볏을 쪼아대며 날개를 부딪는 닭들의 반경, 사지가 엉킨 채 끝까지 처음의 표정을 간직하며 실려 가는 새하얀 마네킹들.

우리는 모두 어디론가 틀림없이 가고 있는 중이다. 어제에 떠밀려 내일로 가야만 하는 인생이라면 참 씁쓸하겠지만, 도착 지점이 어딘가를 분명히 알고 가는 사람이라면 주어진 하루하루가 감사할 따름이겠다. 실려 가는 소의 눈망울에서 우리는 본다. 어차피 반납되어질 운명이라는 사실을 저들은 알고 있다는 것을.

part2.

山 입장에서는

굴파리 유충들 기어 다니는,
뜯어내고 싶은
상춧잎.

— 강영식(시인), 「상처」

목적지를 향해 회오리치듯 한 능선이 포착된다. 이 때 시인은 자아의 시선에 응고된 존재의 무늬를 내밀하게 응시한다. 케이블카가 연방 움직이고 있으니 이는 필시 아름다운 경치를 보기 위한 사람의 입장에서 생겨난 이미지다.

하지만 산의 입장에서 한눈에 내려다보면, 마치 굴파리 유충이 기어 다닌 상춧잎을 닮았다. 굴파리는 파리목 굴파리과 해충으로 기주식물의 잎에 구멍을 내어 산란한다. 부화한 유충이 뱀처럼 갱도를 뚫고 다니며 섭식하는 것이다. 잎에 피해를 주는 굴파리를 잎의 광부라고 부른다면 휘적휘적 저 자동차들은 산의 광부가 아닐까. 정말이지 그럴 수만 있다면 뜯어내고 싶다는 마음이다. 회복 할 수 없을 것 같은 저 상처 앞에서 오늘, 부끄러움을 배운다.

꽃놀이는 못 가고
산수유나무 꽃심지에
불이나 댕기고 앉았다

— 김영빈(디카시인),「터져라, 꽃」

오, 놀라워라! 이보다 더 스페셜한 꽃잔치가 또 있겠는가. 문학에서 상상력의 힘은 이리도 크다. 실제 경험하지 않은 현상이나 사물에 대하여 마음속으로 그려보는 능력이라니, 아마도 3월이겠다. 산수유와 더불어 매화축제, 벚꽃축제 등 사방이 꽃 잔치로 들끓었을 즈음, 그 대열에 끼지 못하는 심경을 시간과 공간을 초월하여 판타지적인 경험으로 연결하는 순간이다.

이미 꽃망울을 심지 삼아 불을 댕긴 상태이니 빗나가지 않는다면 천지가 환하게 물들 것이라 짐작해 본다. '하루' 또는 '오늘'이라는 이름의 꽃으로 피어나 '희망'의 꽃말을 우리에게 골고루 나눠줄 것이 틀림없다. 지난밤의 어둠이 짙으면 짙을수록 저 빛은 더욱 밝아 불가능한 것을 이루고 말 테니까.

아버지 사업실패로
길가에 나앉았었지만
망했다고 생각한 적 없다
꽤 오래
힘들었을 뿐이다

- 김종순(시인), 「굴기」

농촌뿐만 아니라 도시 산업지역 곳곳에서 흔하게 볼 수 있는 개망초꽃이다. 누군가 짓밟고 간 흔적이 뚜렷하다. 또한 일어서고자 하는 의지도 분명하다. 한갓진 길을 걷다 보면 시인은 자연의 내밀한 심상을 발견하게 되며, 이렇듯 독자는 삶의 존재를 승화시킨 작품을 만날 때면 심해에 가라앉아 있는 벅찬 감동의 일렁임을 느끼게 된다.

그러니까 바닥은 좌절과 포기로 주저앉는 지점이 아니라 소망의 닻을 내리고 굳건히 일어날 수 있는 터닝 포인트라는 것이다. 지난 세월의 시적 서정을 안전한 포구에 접안 시킨 듯한 시인의 의지가 부럽다. 짧은 시적 문장으로 힘들어하는 세상에 상응하는 초록빛 언어의 낙관을 찍어낸 디카시라 하겠다. 환한 꽃이 고맙다.

한 발 뒤에서 다시 보면
온몸으로 봄을 싣고 날아가는
새 한 마리

- 리호(시인), 「투영」

현실에서 '상황적 사람'이 되지 말자. 초초분분 어떤 상황이 내게 닥칠지 알 수 없는 삶 속에서 비록 머문 자리가 조금은 캄캄할 지라도 절대 고개 숙이지 말자. 그러니까, 일희일비―喜―悲 말고 깊은 쉼 호흡으로 뭐든 다시 보기로 하자. 그렇다. 한 생을 건너오는 동안 내 앞에 놓인 현실의 문제만 바라보았다면 우리는 매번 쓰러지고 넘어졌을 것임이 분명하다. 힘겨움에 어쩌지 못해 좌절하는 경우에 이르렀을 지도 모른다. 그러나 한 발 뒤로 물러서서 바라보면 문제이기에 앞서 이 또한 지나갈 일임을 깨닫게 되는 것이다.

더 나아질 것 같지 않은 상황이라 생각될 때 한 발만 물러서서 보자. 고립 너머에 당도한 환한 봄이, 온몸으로 봄을 관통하는 새의 날개가 눈부시지 않은가.

네가 써 놓고 간 꽃무늬 글자들.

물살 흔들릴 때마다
불멸의 문장처럼 반짝거린다.

글자 하나하나가
네 낯처럼 눈부시다.

– 박완호(시인), 「꽃잎 편지」

시대의 트렌드를 초월한 불멸의 연서로 인간의 그리움에 대한 생리를 직시하는 디카시다. 상대방에게 진심이 전달되는 매개체로서 꽃잎만큼 임팩트 넘치는 편지가 또 있을까. 가슴 속에 가둔 말들이 기억을 흔들어 한 편의 아련한 서사를 표출하는 순간이며, 독자로 하여금 둘만이 알고 있던 연애담을 꺼내 보는 즐거움을 선사해 주기도 한다.

써 놓고 떠난 그의 뒷모습에서 우리는, 이별일까 아니면 짝사랑이었을까를 가늠해 보는데, 그땐 그랬다. 서로의 마음을 모를 리 없지만 먼저 가슴을 열어 보일 용기가 없었다.

나란히 벤치에 앉아 밤하늘의 별만 헤아리다 돌아오던 길 위에서 작은 목소리로 내 이름을 불러 주었더라면…. 길을 걸으며 스쳤던 손을 슬며시 잡아만 주었더라면…. 지는 봄이 온통 눈부셨을 텐데….

바람이 뿌려준 우편물이 도착했다

감정이란 얇은 종이 같아서

너를 거절할 수 없다

- 박지우(시인), 「가을」

 잊은 듯 무심히 지내는 일상 속에서 문득, 아니 기어이 보내온 가을의 안부에 잠시 감정을 추슬러 본다. 감정은 우리 삶에 가장 자명하고 가장 직접적이며 유관하여 첫 이미지서부터 밀려오는 그리움의 농도가 무척이나 짙다. 이를 거절할 수 없다는 작가의 고백 앞에서 우리는 시인의 소명은 과연 무엇인지를 들여다보게 된다.

 존 에버렛 밀레이의 '낙엽'이라는 작품은 쇠락과 죽음을 묘사한 그림으로써 매우 시적이라는 평을 받고 있다. 반면 시인에게 있어 낙엽의 의미는 소멸이 아닌 '가을'이라는 한 편의 디카시가 완성되는 순간으로 일상이 예술이 되는 시점에 가 닿고 있다. 차마 건네지 못했던 말들이 제 빛깔을 다한 체 요약되고 있는 것이다. 시선에 들어오는 색깔은 사람의 감정과 매우 친밀한 관계를 갖고 있는 듯, 이 가을이 무작정 환하다.

이 일보다
더 무섭고 두려운 것은
이 일을 하지 못해
식구들
밥줄 끊기는 일

– 박해경(시인),「밥줄」

외벽 (재)도장을 위해 한 사내가 매달려 있다. 아니 흔들리고 있다. 아니 흔들리지 않으려고 두 발로 버팅기고 있다. 단면의 모양새가 달라 온전히 수작업으로 진행되어지는 극한 직업으로 생생한 삶의 현장이다. 밧줄타기 작업으로서, 집중하지 않으면 어느 한순간에 허공을 놓칠 수 있는 위험한 직업인 것이다. 밧줄이 흔들릴 때마다 가족부터 떠올리며 밥줄을 생각한다고 대언해주는 시인의 고백이 독자로 하여금 공감을 불러일으킨다. 벌어 먹고살 수 있는 방법이나 수단을 속되게 이르는 밥줄. 비슷한 어감의 밧줄에 매달린 사내의 아슬아슬한 곡예를 목도한다.

어쩌면 저 수직형식의 절벽만 절벽이 아닐 것이다. 시대가 참으로 수상치 않은가. 취업의 밧줄을 붙잡지 못해 새벽부터 빼곡한 지하철에 몸을 싣고 떠다니는 청년들에게 오래토록 시선이 머무는 이 겨울, 춥다.

너를 꽃이라 부르면 마당은 꽃밭이 되고
너를 풀이라 부르면 마당은 풀밭이 된다
큰개불알!

– 서연우(시인),「무단침입」

허락도 없이 마당에 침입하여 봄을 머금고 있는 큰개불알풀 아니, 큰개불알꽃의 거주를 보고 있다. 꽃이 진 후 매달리는 열매가 개의 불알을 닮았다 하여 붙여진 이름으로 봄까치꽃이란 별칭에 이어 큰지금地錦, 땅 위에 핀 비단이란 뜻으로도 불린다.

학명을 떠나서 '그렇다면 당신은 어떤 이름을 붙여줄 것인가!' 시인이 우리에게 넌지시 던져주는 질문을 받아든 봄날이다. 개인적 관점에 따라 풀이 될 수도 꽃이 될 수도, 하지만 시인은 이미지에서 사람의 거주 사실을 숨긴 체 다만 언술에서 집의 마당임을 밝히고 있다. 돌보지 않아도 들불처럼 번져가는 저 장엄함. 비단 위에 누워 따스한 햇볕을, 촘촘한 밤하늘의 별을 헤아릴 시인의 눈동자를 그려본다. 큰개불알(꽃)!

이리 텅 비었는데
그 많은 노래를 불렀다는 거니
내게 보냈던 그 눈부셨던 시들이
가슴 뼈 사이를 훑어 내리던 어둠이었다고?

— 신정순(시인), 「비움 나무」

살점을 도려내는 듯한 통증을 누른 채 뜨겁게 불렀던 노래가 시가 되었다는 것이다. 여기, 쓰러진 한 그루 나무 앞에서 망연자실하는 시인이 있다. 이는 시 쓰기의 고통을 그려내고자 하는 시인의 자화상인 지도 모른다. 땅속에 붙박여 태양을 따라 스스로 길이 되어 걸어간 시인의 행적이라고 해도 좋겠다.

미세한 물관을 따라 봄마다 싹을 피우고 짙푸른 잎 사이로 꽃향기를 던진 여름을 돌아 마른 계절이 오면 온몸을 가두어 열매를 맺었던 것. 그러니까 일상을 온통 예술로 채웠으니 비움은 곧 채움이라는 결과에 이른다. 무서리 내리는 시월의 끝을 바라보며 서정주 시인의 '국화'를 받아든다. '한 송이의 국화꽃을 피우기 위해 봄부터 소쩍새는 그렇게 울었나보다' 그렇게 꽃을 피웠나보다.

쉰다는 말과
버려진다는 말의 거리는 얼마쯤이나 될까
그건 모두 고요히 몸의 비명을 듣는 일인지도 몰라
녹슬고 헐거워진 뼈마디들의 연주가
일생 맞서던 바람을 그러안고 비로소 오목하다

— 신혜진(시인), 「폐선」

쉼조차 평범하지 않은 저 기우뚱. 어쩌면 생애 마지막 자세인지도 모른다. 한때 저이도 위풍당당, 돛을 올리고 수면을 장악했던 찬란한 여름이 있었으리라. 뭍으로 떠밀려 방치된 선채에 일생 맞닥뜨린 거센 바람의 흔적이 선명하다. 간혹 찾아드는 새의 날갯짓과 마른 풀잎의 스러지는 소리에 귀 기울이고 있을 저이. 하염없이 갯벌 속으로 파고드는 오므린 몸짓이 마치 요양병원 침상에 자리 한 우리의 어머니를 닮았다.

"여기 계시는 게 어머니께 더 좋아요. 편안하게 쉬세요, 어머니! 아프면 간호사가 즉각 달려올 거고요. 간혹 찾아뵐게요. 드시고 싶은 것 있으면 말씀하세요."
국화꽃 같은 하얀 미소를 남기시고 지금은 이곳에 계시지 않은 어머니께 죄스러울 따름이다. 오목한 봉분 하나 남긴 채 저 먼 곳에서 영원한 쉼을 얻고 계실 한 척의 배, 어머니!

저 희망의
사다리를 타고
갈등의 세계에서
탈출하길!

- 이승삼(대한씨름협회 (전)사무처장),「희망의 사다리」

갈등과 반목의 소용돌이 속에 갇힌 한국 정치와 위정자들을 보고 있노라면 환부를 도려내야할 명의名醫가 필요하다는 생각이 든다. 서로를 향한 불신이 쌓이고 존중이 사라진 사회의 암담한 현실이 어제오늘 일이 아닌 터라, 중국 고대의 전설적인 명의로 알려진 '편작'이 떠오른다. 삼 형제 중 막내인 편작의 의술이 제일 뛰어나다는 왕의 말에, '병이 커지기 전에 시초의 병을 다스리는 둘째 형이, 그보다 큰형은 아예 병이 나지 않도록 예방의 처방을 내림으로 의사의 본분을 다하고 있으니, 환자의 죽음 직전에 생명을 구하는 본인이 제일 못하다'고 전해진다. 어쨌거나 지금은 편작의 의술이 필요할 때가 아닐까.

늦은 귀갓길에 아파트 복도의 불빛을 바라다본 시인의 소망이 무엇인지 우리는 안다. 국민을 생각해서라도 저 희망의 사다리를 타고 갈등의 세계에서 탈출하기를.

낡고 녹슨 우체통 옆
희미한 실루엣
자식 편지 기다리던 노모는
그림자를 남겨두고 세상을 떴다

– 이종섶(시인), 「벽화」

우리 생활에서 사라질 목록 중, 그 첫 번째가 '우체통'이라는 사실에 크게 공감한다. 굳이 시골이 아니더라도 역사의 디오라마Diorama가 되어가는 길거리의 우체통들. 기다림의 미학과 아날로그 시대의 애틋함이 고스란히 베인, 사람이 사람의 소식을 전하고 기다렸을 투입구에 무지막지한 환삼덩굴이 똬리를 틀고 있는 것을 자주 목격하게 된다.

오래된 마을의 오래된 골목, 삶의 시간이 오롯이 각인된 하나의 실루엣이 시인에게 포착된다. 이미지를 발견해 의미를 부여하는 시인의 이 같은 행위는 디카시 창작의 첫, 감흥의 순간이다. '무소식이 희소식이겠거니' 하고 빈 우체통 앞에서 쓸쓸히 돌아섰을 노모의 공허한 눈길이 느껴지지 않는가. 꿈에서도 기다렸을 자식에 대한 질긴 사랑이 묻어나는 디카시 앞에서 나는, 울컥!

전구들도 코드를 짚는구나

손가락은 아프고 소리는 아니 나고

머릿속엔 온통 기타 생각뿐

- 정혜경(디카시인), 「홀릭」

이쯤 되면 중독이다. 어떤 일이나 생각에 빠져들어 정상적으로 사물을 판단할 수 없는 홀릭holic 상태를 말한다. 언뜻 보아 운지법을 위한 기타 코드를 연상케 하는 이미지로서 하비홀릭hobbyholic 즉, 특정한 취미 활동을 광적으로 좋아하는 성향이나 태도 또는 그러한 사람을 일컫는다. 빠져든다는 건 나름 적성에 맞는다는 증거! 생활의 즐거움을 위해 선택한 기타로 인해 만나는 사물들이 오선지로 보이기도 하고 나아가 코드로 보이기까지 하는 것이다. 한편의 좋은 디카시를 쓰기 위해 무수한 생각이 허공을 떠돌다 순간 절묘하게 만난 작품이라 하겠다.

'기타를 잘 치는 긴 손가락을 갖기 위해 손가락과 손가락 사이 갈퀴를 찢어버린 사람'이 있다. 박서영 시인의 '손의 의미'라는 시의 일부다. 정혜경 작가에게 있어 기타는 전문성을 요구하는 본인의 과업이 아니라 취미활동이니 만큼 즐거운 생활의 코드를 잘 찾아나가기를 바란다.

엄마 아빠가 옆에 있으면
곁에 없다 생각하며 살고

엄마 아빠가 옆에 없으면
곁에 있다 생각하며 살아라

— 최일형(시인), 「인생살이」

'없다 생각하고' 또는 '있다 생각하고'라는 말을 경상도에서는 흔히 '없다 치고, 있다 치고'라는 말로 쓰고 있다. 여기서 '치다'는 '어떠한 상태라고 인정하거나 사실인 듯 받아들이다'라는 뜻이다. 그러고 보면 어린 자녀들에게 자전거 활용법을 가르칠 때 주로 건넨 말로서, 스스로 살아가는 법의 깨달음이 담겨 있는 자녀를 위한 부모의 양육법이기도 하다.

비 오는 날, 비옷을 갖춰 입고 목적지를 향하여 어디론가 가고 있는 가족의 뒷모습이다. 고통으로 가득 찬 인생(살이)이라 하여 고해苦海라고 했던가. 살아보니 그렇다는 것인가. 무슨 일에든 두려워말고 당당하게 살아가라는 말일 것이다. 그러고 보면 꼭 붙잡은 가족의 끈이 눈물겹다 못해 비장하기까지 하다. 대중성에 예술성이 더해지므로, 볼수록 큰 울림과 재미가 더해지는 디카시다.

이질적인 그대와 나 한 몸이 되기까지
한숨다발 아릿한 날 마름질이 가볍다
나는 그대에게 기대고 그대는 나로 인해 꽃피우고

- 허숙영(수필가), 「행복」

이미 우리가 겪어본 감정을 바탕으로 느끼게 되는 '행복'의 기준은 사람에 따라 다르다. 대부분의 사람들은 '특별한 일이 생기지 않는 평안한 상태에서 얻게 되는 삶의 만족도'를 말하고 있다. 그렇다면 행복에 대한 적절한 정의는 '주관적인 안녕감'이 아닐까.

영상의 전체 이미지에서 가을을 물들일 소국小菊 분재임을 가늠할 수 있다. 작가의 상상력에 의한 행복은 무엇이며, 나아가 우리는 왜 작가의 행복론에 깊은 공감을 던지게 되는 걸까. 각자였던 우리가 서로 치수를 재듯 맞추어 꽃을 피우기까지 얼마나 많은 시침핀이 필요했는지를 알기 때문이다. 자연의 오묘한 정서와 운치가 느껴지기까지 남몰래 뱉어낸 한숨의 무게를 잘 알기 때문이다. 사람은 누구나 '완벽하게 불완전'한 존재임을 인정할 때 비로소 3행의 아름다운 진술로 꽃피울 수 있는 것이다.

학생들이 사라진 캠퍼스
빗줄기만 소란하다

야외 벤치에 둘러앉은 자연이
오늘의 세미나를 주최한다

– 황주은(시인), 「대리 출석」

목소리를 변조하여 친구의 출석을 대신했던 일명 '대리 출석'이 캠퍼스의 낭만 중 하나였던 적 있다. 하지만 교육시스템의 변화로 인해 몇 해 전부터 대학마다 점차 '출결 앱'이 도입되어 사소한 추억거리마저 사라지는 즈음, 플라타너스 그늘이 빗소리에 흠뻑 젖고 있다. 코로나 19의 위력에 학생들의 발길이 끊어진 캠퍼스 곳곳마다 어수선한 분위기다. 그러니 펄럭이는 현수막의 글귀를 보지 않아도 주최 측의 세미나 주제를 알 것 같다.

떨어져 나뒹구는 이파리에 시선을 던진 시인의 '대리 출석'이 수상한 시절에 맞닿아 이채롭게 다가온다. 정치 경제 문화 교육의 역사를 바꿔놓을 만큼 총체적 혼동인 코로나19. 부디 인간의 존엄성을 우선한 상생의 길을 찾아 나가는 세미나가 되었으면 한다. 어쩌나! 캠퍼스 강의동 주위를 배회하고 있을 고양이의 허기는 누가 다독거려 줄 것인지…, 보도블록 위에 머문 바람결 따라 무성한 잡풀만 소란하겠다.

part3.

하늘나라 수도 배관이 터졌다

복구반 출동
긴급 용접 중이다

내일은 지상의 얼굴들 환하게 개겠다

- 강영식(시인), 「장마」

긴 장마로 기록적인 폭우가 나라 전역을 훑고 있다. 공중에 매립된 구름 배관에 수축과 팽창이 일어나 급기야 지구의 한반도에 물난리가 난 것이다. 잠시 비 갠 틈을 타서 긴급복구반이 투입되고 배관 설비를 통해 누수 지점을 관찰 중인 것으로 보인다. 관로를 촬영하여 꼼꼼히 살핀 후 용접은 물론이고 고압 세척까지, 복구반의 맹활약이 대단하다.

(극)순간 포착한 시적 형상의 느낌이 날아가기 전에 짧은 언술을 결합하여 즉, 영상과 문자가 한 덩어리로 이루어지므로 디카시의 미의식이 잘 드러나 있는 작품이다. 일반 문자시와의 차별성이라 하겠다. 그러니까 해마다 하는 말이겠지만 장마를 대비하여 하수구나 하수관 등 맨홀 청소가 선행 되어 국민들의 피해가 최소화되었으면 한다. 터진 배관 용접 후, 공기압력 테스트를 통해 제2차 누수가 발생하지 않도록 복구반에게 부탁해 보는 것이다. 곧 맑음이니 불편하더라도 모두 조금만 견뎌보기를.

물수제비나 물보라 피우듯 쿨하게
내 투정 다 받아주더니
오늘은 자기표현을 하더라고요
그동안 속 뒤집어져 골병들었을 친구를
생각하게 되었습니다

- 김사륜(시인), 「친구 기분도 중요해」

간혹 디카시를 읽다 보면 나도 모르게 웃음이 날 때가 있다. 자연이나 사물을 바라보는 시인의 상상력이 참 기발하다는 뜻이다. 보라! 저만치 내동댕이친 듯 미끄러져, 뒤늦게야 친구의 기분을 알아차린 돌멩이의 표정이 꽤나 재밌지 않은가. 저 두 사람 혹, 이런 친구가 아니었을까. '때로 약간의 변덕과 신경질을 부려도 그것이 애교로 통할 수 있을 정도면 괜찮고, 나의 변덕과 괜한 흥분에도 적절히 맞장구를 쳐주고 나서, 얼마의 시간이 흘러 내가 평온해지거든 부드럽고 세련된 표현으로 충고를 아끼지 않았으면 좋겠다.'(유안진의 지란지교를 꿈꾸며)

그자 저나 오늘은 또 무슨 일로 친구에게 속사포를 쏘듯 화풀이를 했을까 궁금해진다. 더 이상 못 들어 주겠다고 얼음장을 놓은 걸 보니 어지간했나본데 하긴 며칠만 지나면 얼음 녹듯 풀리는 게 친구니 염려는 않는다만.

무얼 보고 웃는 것일까?

저들 앞엔
나밖에 없는데!

– 김석윤(시인),「웃긴 놈」

감정의 반응인 웃음에도 여러 종류가 있음을 알게 된다. 미소 실소 홍소 폭소 냉소 조소 등. 그런 가운데 배꼽을 움켜쥐고 파안대소破顔大笑하는 웃긴 놈을 마주하게 되었으니, 덩달아 화자도 미소微笑를 짓다가 가가대소呵呵大笑 한 모양이다.

'웃음은 마음의 조깅이다'라는 말이 있다. 급격히 웃음을 잃어가는 사회 속에서 웃음이 건강에 미치는 영향은 실로 크다. 연구 결과로, 웃을 때(억지로라도) 내는 '하하하' 소리는 엔돌핀을 증가시킨다고 한다. 여기서 엔돌핀은 우리 몸에서 생성되는 것으로 어떠한 고난도 이겨낼 수 있도록 돕는 최고의 호르몬이라고 밝혀진 바 있다. 그런데 주위에 나 밖에 없는 걸 봐서 저 웃음은 앙천대소仰天大笑임이 분명하다. 날 더러 웃긴 놈이라며, 어이가 없어 하늘 향해 웃는….

초여름에 당신이 오신댔어요.
이 계절의 끝자락을
한사코 디더 밟는 담쟁이의 몸빛처럼
눈부신 초록으로 오신댔어요.

- 김인애(시인), 「기약」

때를 정하여 약속하였던가 보다. 초여름이었던가 보다. 혹, 일방적인 약속은 아니었는지, 각도를 달리하여 묻고 싶어지는 저 담쟁이덩굴이 참 아득하다. 지척에 있든 아니면 머나먼 곳에 있든 중요치 않아 보인다. 이미 내 가슴에 들어와 온종일 가득 차 버린, 그리움의 대상이 있다는 것만으로도 축복인 것이다.

흙담을 타고 한 생을 건너는 골목 진풍경은 어쩌면 '오래도록' 사랑하는 방법인지도 모른다. 저 벽을 다 덮을 때까지 당신이 오지 않는다 하더라도 그저 한 잎 한 잎 늘여놓은 걸음에 초록이 새겨져 버렸으니 어쩌나! 그러다 가을이 오면 붉은 심장으로 물들고 말 일이지만 처연히 겨울을 견디고 나면 또 하나의 기다림으로 당신을 기다릴 것이니, 가슴에 묻고 내 길을 갈 수밖에.

알록달록한 가방들이
인근에서 풀 뽑는 주인들을 기다린다
그림자가 반 토막 되도록 주인들은 오지 않고
바람이 맡고 가는 도시락 내음
밥이 기다려주는 노동은 신성하다

- 문성해(시인), 「밥이 기다려요」

민생대책으로 나온 '희망 근로 프로젝트'는 서민경제의 불씨가 되기도 하는데, 그 일환으로 풀 뽑는 작업이 여기 속한다. 햇볕 아래 일렬로 쪼그린 그들의 모습이 마치 어깨를 맞댄 저 가방처럼 그려지지 않는가. 손자들이 매었던, 아니면 이웃으로부터 필요에 의해 가졌거나, 헐값에 하나 사들였을 저 알록달록한 내력들이 정겹게 다가오는 한낮이다.

한시름 덜게 된 생활로 잡초를 움켜쥔 손아귀에 풀물이 들어도 좋겠다. 한 끼의 밥이 눈물이었던 시절도 있었으니 노동의 즐거움이야말로 밥맛 나는 일 아니겠는가. 저처럼 나를 기다려주는 밥이 있다는 것은 아직 희망이 있다는 것이며, 그러니 긍정의 밥이 틀림없다. 빙 둘러 주인을 기다리는 밥내가 거룩하고 성스럽기까지 하는 오늘이다.

돌 속 갇힌 어둠이 석문을 열고 나와
푸르고 환한 세상 하나 펼쳐놓은 아침
낮고 젖은 시간이 쌓여 이룬 화석 장엄하다
먼저 온 파도가 뒤따라온 허기진 파도에게
수많은 갈빗살 포개어 차린, 저 융숭한 밥상

- 박종현(시인), 「장엄한 밥상-상족암」

자연(사물)에서 포착한 영상과 문자를 통해 '의미의 실제'가 잘 드러난 작품으로 디카시의 미학이 돋보인다. 장엄한 화석의 각인된 무늬를 보라. 힘겨운 어제를 견디고 일어난 아들(딸)에게 어머니가 차려낸 융숭한 밥상으로 읽어내는 시인의 상상력이 참 기발하지 않은가. 석문에서 바라보면 실제 저만치 봉긋한 두 개의 섬(유방섬)이 있다. 그 어머니가 무시로 파도에 실어 보낸 밥상으로 짐작해 보면 어떨까!

이는 경남 고성군 하이면 바닷가에 있는 상족암이다. 켜켜이 쌓은 시루떡을 연상시키는 수성암 덩어리로, 생김새가 밥상다리 모양 같다고 하여 상족床足이라 불린다. 수많은 사람의 발걸음이 끊이지 않는 이곳에서 시인들은 '쥐라기 전설을 새긴 책들의 해변 도서관'으로 등, 다양한 의미로 묘사하고 있다.

비 그친 뒤,
바늘 끝 같은 여정들 모였다
움푹한 곳이면 다 마음이고 집이라는 듯
어느 집 처마끝도 늦가을 바르르 떠는 바람도
딱 하루만 동숙同宿이다

– 박해람(시인), 「빗물여인숙」

여기저기서 바닥을 친 빗방울이 슬금슬금 모여든다. 수시로 차들의 행렬이 끊이지 않는 곳이며 심지어 깊은 땅속에 도시가스가 흐르고 있는 위험지역이다. 그렇다. 매몰되어 있는 도시가스 표지판도, 고인 빗물과 잠잠해진 바람도 그리고 몸의 일부를 겨우 들인 처마끝도 저들은 제각기 할 말이 많다. '움푹한 곳이면 다 마음이고 집이라는 듯' 이어 '딱 하루만 동숙同宿이다'라는 여인숙에 대한 진술은 끝내 독자로 하여금 재해석에 적극 참여하기에 이른다.

노후 된 고시원의 화재 사건으로 보도되었던 복지 사각지대에 놓인 일용직 근로자들. 보증금 없이도 저렴하게 주거 가능한 고시원이 도시 취약계층 사람들의 달방이 된 것이다. 창문도 없는 협소한 공간에서 생계를 위하여 쪽잠을 자는 그들의 모습이 저 빗물여인숙 위로 스쳐 지나간다. 살아내야만 하는 여정이 때론 눈물겹지 않은가.

오늘은 날이 맑습니다.
파도소리만 들리는 이곳은 그저 살만 합니다.
갈 수 없는 그 먼 곳은 얼마나 깊습니까?
그곳이 오늘은 희미하게 보일 듯도 합니다.

– 심재휘(시인), 「아버님 전 상서」

여기와 저기, 차마 갈 수 없는 멀고 깊은 곳으로 영혼의 편지를 올려 드리는 시인의 어제가 궁금해진다. 하여 아득히 펼쳐진 모래사장에 온몸으로 엎드린 생명체의 기척에 바짝 귀를 대어 본다. 무시로 폭풍우와 싸우고 때론 거센 파도 맞닥뜨렸던 어제의 고단함이 곧 우리의 인생임을, 살다 보니 오늘 같은 맑은 날도 있어 그리운 이름을 불러보는 것을. 나와는 상관없을 것만 같았던 당신이 계신 곳이 머지않았다는 생각에 잠기는 것이다.

먼 바다로 떠나가는 배를 바라보는 시인의 눈빛에서 지나온 세월의 무게가 느껴진다. 숨길 수 없는 노래를 부르듯 올려드리는 한 통 편지에서 그 아버지가 내뿜었던 신음도 희미하게나마 들리는 듯하다. 순간 포착한 영상과 시적문장이 결합하여 애잔한 감동을 불러일으키는 디카시라 하겠다.

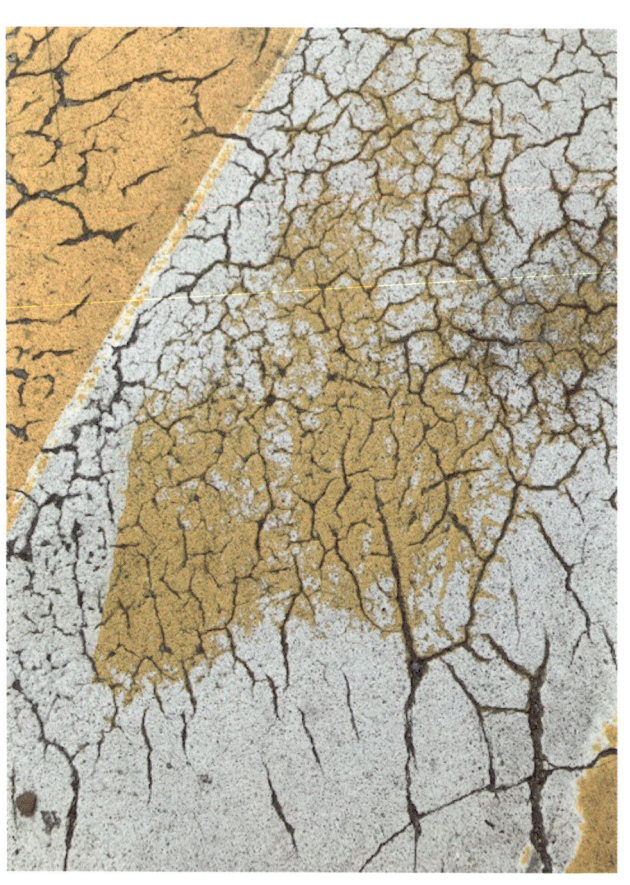

건널목의 은행나무촌
통째로 화석이 되다.

— 오정순(수필가), 「건널목 풍경」

흔히 볼 수 있는 노면의 표식으로 과속방지턱의 한 형식이다. 지그시 눈을 감고 보면 이 가을의 끝을 잡고 물들어가는 은행나무 거리로, 화석이란 지질 시대에 살았던 생물의 유해나 흔적이 암석으로 보존된 것을 말한다. 언젠가 약 1억 4,400만 년 전으로 추정되는 해바라기의 화석을 본 적 있다. 이후 우리는 디카시를 통해 생의 빛깔마저 간직한 채 화석이 된 은행 나무촌을 목도하고 있는 것이다.

일상생활에서 만나게 되는 사소한 풍경이 이처럼 예술이 되는 시점이라 할 수 있겠다. 언뜻 스쳐 지나갈 작은 실금까지 읽어낼 만큼 자연이나 사물에 대한 관심이 크다는 것이기도 하다. 그리 오래되지 않은 세월이었겠지만 비바람과 때론 바퀴의 압력을 받아 으깨져 단단해진 형체의 화석. 기어이 작가의 눈에 발굴된 과속방지턱에 덜컹, 잠시 흔들리며 쉬어 가는 것이다.

입단속이 간지럽다
자꾸만 새는 비밀을
덜컹, 캄캄하게 채워줘야겠다

– 이문희(시인), 「비밀」

비밀의 정원이다. 열어젖힌 '문'의 이미지를 포착하는 시인의 행위는 디카시의 예술적 전유의 순간이다. 틈을 엿보고 있는 저 많은 잎(입)들, 아주 작은 단서라도 잡으려는 듯 타고 오르는 저 수많은 귀를 보라. 덜컹, 차단할 방법을 모색하는 시인의 집념이 단단하다.

'당신의 비밀을 지켜 주기를 바란다면 가장 안전한 방법은 아무한테도 알려주지 않은 것이다(히폴리테)'. 오죽하면 비밀은 없다라는 말이 있겠는가. 다물고 있던 입을 여는 순간 일사천리 확산되는 경우가 다반사, 항상 입단속이 문제다. 이에 볼테르는 '타인의 비밀을 말하는 것은 배신이고 자신의 비밀을 말하는 것은 어리석은 짓이다'라고 한다. 하지만 비밀이 없는 사람이 있을까? 당신도 마찬가지.

쇠사슬보다 더 질긴

자유와도 바꿀 수 없는

배고픔마저 견디게 하는

– 이상윤(디카시마니아), 「모정母情」

피골이 상접한 어미의 모습에서 시적 감흥이 일렁인 것이리라. 제 속을 모조리 파 먹히고도 저 어린 것에 눈길을 떼지 못하는, 피붙이 향한 더운 심장을 누가 말리겠는가. 화자는 시의 행마다 말끝을 흐리고 만다. 그 마음이 읽히는 걸 보면 우리도 어쩔 수 없는 어머니이겠다.

1초에 2.5명 1분에 150명이 태어나 이 땅 70억 목숨이 모두 여자에게서 태어난다는 사실이다. '女'에 젖가슴을 나타내는 두 개의 점이 붙어 어미 '母' 형상이 되는데. 엄마가 아이에게 젖 물림을 뜻하는데. 아! 나는 왜 그 젖 빨던 힘으로 아직도 어머니 속을 파먹고 있는 것이냐. 누가 후비기에 내 속은 때로 이리 쓰리단 말이냐. 속을 파 먹힌 여자! 우리의 어머니가 조용히 몸피를 줄이며 사는 곳으로 사이사이 바람이 불고 가을이 저만치다.

근심에 물리고
상념에 물리고
얼마나 빨아댔을까?
연기 속으로 사라지고
남은 뼈다귀들

— 이시향(시인), 「유골함」

주검을 태우고 남은 뼈란 말인가! 맘속 여러 가지 생각들을 뿜어내느라, 시름을 들기 위해 빨아올린 근심과 상념의 압축물이란 말인가! 왜 담배를 피우는지, 왜 계속 피우는지, 그 이유에 대해서는 각자 할 말들 많겠지만, 매일 159명을 죽음에 이르게 한다는 흡연이야말로 심각한 질병이 아닐 수 없다. 보건복지부가 최근 공개한 금연광고를 통해 알겠지만 흡연이야말로 결코 개인의 문제가 아니라 주위 사람에게까지 영향을 미칠 수 있다는 것이다.

그러니까, 질병에 걸리거나 사망위험의 가능성이 자신을 비껴갈 거라는 낙관적 편향은 곤란하다. No Smoking이다. 저 영상대로라면 어느 전시관에 두어도 손색이 없을 법한 설치 미술이 되지 않을까. 「유골함」!

떼 지어 잘 말려진 명태
국민생선으로 대접받는다는데

뱃전에 앉은
이주 노동자의 잠깐 휴식
소금기 절은 피부처럼 말라가고

- 장한라(시인), 「출항과 귀항 사이」

만선을 꿈꾸며 출항한 자의 휴식을 본다. 디아스포라의 삶을 살아내고 있는 이주 노동자의 고달픈 현장이다. 국경을 초월한 21세기적인 다문화 삶의 고된 노동이, 국민들의 식탁에서 사랑받고 있는 명태와 서럽게 비교 포착되고 있다. 곤궁과 고독이 매였을 뱃전에 앉아, 두고 온 고향과 가족의 얼굴을 떠올리고 있는(을) 저의 모습이 왠지 착잡하게 다가온다.

이주민 1백만 시대를 넘은 한국사회에서, 코리안 디아스포라의 역사를 반추시키는 일들은 없는지 살펴 볼일이다. 이주 노동자에 대한 홀대와 멸시는 없는지 말이다. 더불어 사는 세상이 곧 오리라는 희망이 사라지지 않도록, 언젠가 만선의 귀항이 될 수 있도록 저들의 피로를 다독이며 함께 가는 것, 옳지 싶다!

바다를 함부로 담았던 가슴
아! 그래
너도 할퀸 상처가 있었구나
통증의 밤을 지켰겠구나
저만치 그녀처럼

- 주강홍(시인),「바다의 가슴」

태산은 흙덩이를 사양하지 않아 거대함을 이루고, 하해河海는 가는 물줄기를 사양하지 않아 깊음을 이룬다는 말이 있다. 우리는 지금 물의 광야를, 우주의 가장 큰 가슴을 목도하고 있다. 사방으로부터 묵묵히 받아들인 흔적이 무시로 드러날 때가 있으니, 시인은 저만치 시선을 던져 이 세상의 모든 그녀를 슬며시 불러보는 것이다. 어머니를, 아내를, 지금은 여기에 없는….

세월에 지쳐 때론 등뼈를 드러내 놓기도 하지만, 오늘 만난 영상은 상처 가득한 통증의 바다로 다가오고 있다. 속으로 가둔 저 물길은 어쩌면 몰래 울어 삼킨 그녀의 눈물골짝인지도 모른다. 기어이 어떤 날은 하얀 포말로 바위에 부딪혀, 미친 듯 울부짖어 보는 것이리라. 하루에 70만 번이나 온몸을 뒤척인다는 바다의 할퀸 상처가 오늘따라 왜 이리 아픈지.

어미를 기다리며

안간힘 다해 피워 올린 저 붉은 울음

– 최해숙(시인),「능소화」

언뜻 보면 담장을 타오르는 붉은 능소화를 닮았다. 옛날 양반집 마당에 주로 심어 '양반꽃'이라 불렀으며 장원급제 때 임금이 모자에 꽂아주어 '어사화'라고도 했다는 능소화. 기다림이라는 꽃말의 제목과 더불어 영상 그리고 시적 언어의 배치가 조화를 이루고 있는 작품이다.

멀리서 먹이를 물고 온 어미가 새끼에게 골고루 먹이를 주는 방법은 그리 어렵지 않다고 한다. 입을 벌린 주홍빛 색깔의 크기가 가장 큰 새끼에게 먹이를 준다는 것이다. 안간힘을 다해 배고픔을 알리는 저 붉은 울음. 습관처럼 찾아오는 허기에 슬픔이 맴돌지만, 이는 곧 생존하고 있다는 증거니 다행이다. 2020년, 코로나 19로 안간힘을 쓰고 있는 사람들이 온통 숨을 고르는 중이다. 붉은 울음이 뚝뚝 떨어지는 7월, 어린 박새에게 응원을 보낸다.

울 엄마
나 시집 보내던 날
아마 이러셨을 거다

- 황시언(시인), 「그렁그렁」

3천 년의 수명을 가진 연씨 생리를 알게 되니 마치 뒤집은 원뿔 모양의 연밥이 타임캡슐이라는 생각이 든다. 1951년 일본 도쿄대 운동장에서 발견한 이천 년 된 씨앗이 싹을 틔웠고, 2009년 경남 함안 성산산성에서 발굴한 700년 전 씨앗이 홍련을 피웠다는 소식이 널리 알려진바, 청순한 마음과 순결이라는 꽃말을 되뇌며 잠시 정신을 가다듬어 본다.

함안에 거주하고 있는 황시언 시인이 최근 디카시집 '암각화를 읽다'를 출간했다. 디카시가 태동한 시점부터 꾸준히 써 온 명작들을 선보이고 있어 디카시의 보고寶庫로 매우 의미가 깊다 하겠다. 위의 영상과 시적언어를 통해, 곁을 떠나보낸 빈자리에 칸칸 눈물 채우시고 먼발치 바라보고 계시는 우리의 친정어머니를 새겨본다. "울 엄마, 나 첫아이 가졌을 때 바싹 마른 꼬챙이 같다며 돌아서던 그 날도 아마 이러셨을 거다."

part4.

어디로 갔을까
금방 올 듯이 모시옷을 벗어 놓고
시한부 생명과 바꾼 금방 녹을 시간 앞에
노래로 숲을 태우는 저 가객이 자넨가
우화羽化를 귀울음 우는 불청객은 누군가

— 공영해(시인), 「귀울음」

속을 모조리 비워야만 아름다운 소리를 내는 법. 칠년의 긴 시간동안 득음을 이룬 뒤 등을 찢고 우화한, 매미의 빈 몸이 시인에 의해 모색되는 순간이다. 거꾸로 매달린 허물의 시간이 있기에 여름의 바깥은 저리도 푸르러서, 이를 진정 가객歌客이라 지칭하는 것이다. 시한부 아닌 생이 어디 있으랴. 허물을 벗는 순간 겨우 십여 일 살다 갈 생인 것을 저 가객도 모를 리 없다. 불구하고 죽을 힘 다해 여생을 노래하는 미물에게서 물끄러미 나를 들여다보게 된다.

늘 새로운 문장으로 누군가의 가슴을 사르고 싶지만, 이명처럼 내 안에서만 잉잉거리는 이 불청객 같은 나의 노래는 대체 무엇이란 말인가. 돌아보니 또 하나의 계절이 아코디언처럼 펼쳐져 있어, 속을 비운 갈대의 향연이 저만치 하얗다.

겨울 들판에 웬 공룡알
공룡시대가 다시 도래하나
들판에 가득한 공룡알
죄다 부화하면 어찌되나
쥐라기공원에 애들은 신나겠다

– 김윤숭(시인), 「공룡알」

정체불명의 물체를 두고 백악기를 거슬러 쥐라기로 이동하는 시인의 순간포착이 흥미롭다. 일명 공룡알로 불리는 곤포 사일리지(Bale Silage). 축산농가의 사룟값 급등 대안으로, 추수 후 볏짚을 원기둥 모양으로 묶은 뒤 흰 비닐 랩을 피복하여 자체 발효시키는 소의 조사료다. 한 개의 무게가 약 500kg으로 소 한 마리가 50일 동안 먹을 수 있다고 한다.

각설하고, 머릿수건을 풀어 온몸에 달라붙은 피로를 퍽퍽 털어내며 겨우 허리를 펴는 듯한 겨울 들판이 허허롭기만 하다. 그 복판에 비로소 '휴㈜우--!!!' 기나 긴 쉼 호흡 뒤에 찍혀있는, 문장 부호 같은 공룡알들. 여기저기 부화 할 공룡알 둥글이는 아이들 웃음소리로 잠시 이국적인 풍경이다. 부디 곤포가 공포가 되는 날은 도래하지 않기를.

사랑도
그리움도
언젠가는
홀로 견뎌야 할
목마름으로 남는 것

— 김임순(소설가), 「(　)」

'모로 누우면 눈물이 난다'라는 어느 시인의 고백 속에서 한 때, 텅 빈 괄호처럼 서성였던 기억이 있다. 이처럼 '홀로 견뎌야 한다'는 문장에서 왜 자꾸만 감정이 추스르지는 걸까. 폭염주의보가 발효되는 유월의 한 낮이다.

한 모금의 물로 목을 축이고 있으니 길 위의 식사다. 아니, 한 치도 비껴나지 않는 그림자에 발목을 묶인 채 오늘 이 하루를 견뎌야만 하는 위험한 식사다. 그렇듯 너를 향한 내 사랑과 그리움도 끝내는 홀로 견뎌야할 목마름이라고 작가는 예견하는 것이다. 하지만 부르다 부르다 끝내 눈물에 적셔 삼켜도 좋을 사람, 그런 사람이 있다면 홀로 견뎌볼 만한 세상이지 않겠나.

터미널에서 방금 포착한 영상이라며 SNS로 건네받은 디카시다. '순간 포착, 순간 언술, 순간 소통'을 지향하는 디카시는 이렇듯 디지털 환경 자체를 시쓰기의 도구로 삼는 극순간 멀티언어예술이라 하겠다.

불법 투기한 쓰레기더미 옆에
사랑이 버려져 있다
순간이다 당신도 언제
길거리에 나앉을지 모른다

- 김정수(시인), 「시련」

길을 걷다 우연히 말을 걸어 온 한 장의 이미지 위에 커서를 대고 최대한 확장해 본다. 어두운 담벼락에 버려진 사연들이 참으로 다양하다. 희고 검은 비닐 속, 불끈 감춘 채 버려진 것들도 있지만 안면 몰수하고 던져진 것들을 보면 방금까지만 해도 옆에 두고 사용했을 법한 물건들이다. 저기, 뒤죽박죽 냄새나는 잡동사니 옆에 엉거주춤 세워진 액자 하나. 모든 것 중에 제일이라던 '사랑'마저 내동댕이쳐져 있지 않은가.

삶이 불완전한 가운데 사랑마저 불안한 시대이다. 우리나라 노인 방임 실태는 어떤가. 병원에 버려지고 종일 공원에 버려지고 쪽방에 버려지고 있는 사랑을 보라. 단연 불법 투기인 현장에 시인은 따끔한 경고장 하나 던진다. '순간이다 당신도 언제/ 길거리에 나앉을지 모른다.'

풀꽃도 전화 걸어볼 데가 있다

그리움의 힘으로 꽃을 피우는…

— 나석중(시인), 「안부가 궁금하여」

끝내 마지막 버튼을 누르지 못하고 돌아 섰던 날들의 기억이 스멀거리는 디카시다. 안부가 궁금하여서 안부를 묻자와, 길게 늘어선 대열에 끼여 호주머니 속 동전을 이리저리 굴리던 순간들 말이다. 떨리는 가슴을 어쩌지 못해 가까스로 다가간 순서를 양보하고 다시 맨 뒷줄에 매달리곤 하였는데, 가느다랗게 건넬 첫 마디를 찾아 몇 번이고 목소리를 가다듬던 그런 시절이 우리에게 있었던 것이다.

그리움은 사라지는 것이 아니라 깊이를 가지고 있는 것이라지만 자꾸만 희미해져 가는 이름 뒤에 감추어진 얼굴, 얼굴들. 하지만 때때로 그 아련한 힘으로나마 작은 꽃잎을 피워보는 것이 삶이 아니겠나. 공중전화 부스 안으로 슬며시 자리한 풀꽃을 통해 시인의 상상력은 이토록 힘이 세다. 잊었던 추억을 슬며시 꺼내 읽게 하는 힘 말이다. 오늘도 나는 머나먼 그대에게 그리운 안부를 묻나니….

너와 이별한 날은 발자국이 먼저 돌아섰고
네가 다시 온 것도 발자국과 함께였다
발자국이 만나면 눈밭에도 꽃이 피어
겨울도 춥지 않았다

– 나혜경(시인), 「눈 온 날」

자연이나 사물에서 받은 영감을 포착하는 순간 화면은 정지가 됩니다. 하지만 끝이 아니라 독자로 하여금 여러 갈래 상상을 펼치게 합니다. 한 사람이 오롯이 담긴 발자국이어서 그 사람을 생각해보는 아침입니다. 눈 위에 찍힌 발자국을 따라 저만치 나섰다가, 되돌린 발자국을 데리고 지금 여기 서 있습니다. 수많은 사람을 만나고 헤어진 우리는 까마득히 돌아선 사람을 이토록 하얀 세상으로 소환하기도 해보는 것입니다.

다시 돌아올 수 없는 사람까지도 아니, 어쩌면 이미 돌아와 있는지도 모릅니다. 그렇다면 방금 쌓인 눈을 조금 걷어보면 어떨까요. 그 사람의 발자국이라면 이별이 아닌 재회로 읽겠습니다. 이 겨울은 아마도 꽃밭이겠지요.

나뭇가지에 집을 지은 까마귀 둥지처럼
생각이 꼬리에 꼬리를 물고 근심이 커지는 날
아무리 곰곰이 생각해도 풀리지 않는 문제
작은 실핏줄 하나 터지듯 머리가 아찔하다

- 박동환(시인), 「동맥경화」

겨울 길목의 풍경이다. 고목의 잎 떨군 모습이 인체 혈관처럼 보인다. 또한 뉘엿지는 햇살이 마치 내시경 카메라를 연상케 한다. 시인은 우듬지에 튼 둥지를 생의 문제덩이인 동맥경화증으로 보는 것이다. 혈관 내벽에 쌓인 콜레스테롤이 혈류 장애를 일으키는 질환으로 현대인에게 흔히 나타나는 만성질환 중 하나이지 않은가.

세상만사가 물 흐르듯 한다면 무슨 걱정일까만 인류 역사가 여기까지 오는 동안 근심 없이 지나온 날이 몇 날이나 될까. 이정표도 격려도 없는 광야 같다. 눈만 뜨면 펼쳐져 있는 문제를 안고 끝없는 혼돈 가운데 한 세상 건너고 있다는 생각이 든다. 하지만 문제 있는 곳에 해답은 분명 있으니 하나하나 풀어가며 살아보자는 것이다.

오월로부터

자대 배치를 명 받았습니다.

근무 중 이상 없지 말입니다.

– 박문희(시인), 「자대 배치」

입대에서 자대배치까지 꼬박 일 년이 걸렸다. 완벽한 배경의 담벼락은 아니지만 그나마 초등군사반 성적이 순위에서 뒤로 처지지는 않았는지 오월의 장미라는 찬사를 받으며 정열의 빛을 활짝 피우고 있다. 홀로 외롭지 않도록 분홍빛 송엽국의 하모니에 이어 도로 안전봉까지 시공되어 있으니, 오월을 지나는 동안 끄떡없겠다.

2016년 방영된 '태양의 후예'는 송송 커플의 달콤한 명대사의 열풍을 몰아 안방극장을 핑크빛으로 물들였던 적 있다. 우르크라는 가상 국가에 파병된 특전사들의 활약에서 극중 주인공인 유대위의 '~하지 말입니다'란 말투는 오랫동안 유행되어 여기 디카시의 3행에까지 이르렀던 것. 시인의 가슴에는 렌즈가 장착되어 있다고 한다. 눈을 크게 뜨고 귀 기울여 볼 일이다. 오월에 돋보이는 디카시다.

하강하는 나뭇잎 하나
툭, 던지는 한마디
세상은 모두 순간이라고

– 박주영(시인), 「늦가을」

순리대로 흘러가는 자연 앞에서 문득 인생의 내면을 차분하게 관조하는 순간을 맞닥뜨리고 있다. 계절의 경계선에서 묵직하게 다가오는 삶의 성찰이 절망을 지나 아름다운 희망에 가 닿는 것 같지 않은가. 왜 그때는 몰랐을까. 진작 알았더라면 그리 아프지 않았을 텐데. 세상은 모두 순간이며 그 순간마저도 또한 지나간다는 사실을 말이다.

2020 '뉴스N제주' 신춘문예, 최초로 개설된 디카시에 2416편이 응모된 가운데 선정된 당선작이다. 찰나를 포착하는 극순간의 멀티언어예술로서 자연이 하는 말을 그대로 대언하는 에이전트 역할이 돋보인다. 어긋나는 것 같지만 결국은 겨울을 지나 봄의 순환을 기다리게 까지 만드는 것이다. 그래서일까. 어깨에 두른 시인의 카메라 내부가 소란스러울 것만 같다. 이 봄은 또 어떤 영상이 포착되었는지, 그들의 말을 심도 있게 옮겨 줄 시인의 의식이 몹시 궁금해지는 봄날이다.

5시 5분, 빛에서 어둠으로

진입하고 있는 우주의 시간

— 박현솔(시인), 「시계」

영상과 시적언어가 상호 관계하여 극적인 순간을 만들어내고 있다. 구름 뒤에 감춰진 해가 만들어 낸 5시 5분이다. 아니, 은밀히 말하자면 빛과 어둠이 상호 작용하여 만들어낸 영상이다. 이로써 우리는 21세기 디지털 시대에서 언어의 창살을 뛰쳐나온 또 하나의 진실을 대하게 된다. 결정적 순간을 영감으로 포착한 것이다. 하늘을 올려다보며 수많은 자연의 무늬를 발견하는 시인들의 시선 중 으뜸이지 않을까.

이 순간, 우주 속에 한 톨의 먼지보다 작은 자신을 들여다본 건 아닐까. 태초부터 지금까지 한 치의 오차도 없이 항진하는 이 우주를 느껴본 건 아닐까. 때론 처절하게 때론 철저하게. 그렇다면 시침과 초침이 가 닿고자 하는 곳(것)은 어디며, 나아가 무엇일까. 잠시나마 우주와 내가 일치하는 순간이자 객창감이 밀려오는 시간이다.

사라진 기억이다
돌아 선 너의 뒷모습이다
벌어진 시간만큼 캄캄한
절
벽

– 이서린(시인), 「틈」

미세한 균열로 시작된 틈의 이미지 앞에서는 아무런 말이 없어도 진한 아픔이 느껴지곤 한다. 허공을 분해하며 내리뻗은 저 절벽, 저 캄캄. 마치 어느 한 생에 있어 절대 잊히지 않는, 존재에 대한 기억을 담담하게 붓질해 놓은 듯하다. '너'라는 인칭대명사는 '나'와 맞물려 발아한 언어이다. 그러니까 '우리' 사이에 언젠가 이별이 스치고 간 게 분명하다. 너를 잊지 못하여서 나는 지금 이토록 캄캄하다는 시인의 저 조용한 언어떼가 수직 끝에 오롯이 매달려 있음을 본다.

하지만 최근 출간한 시인의 첫 시집 「저녁의 내부」를 통해 '죽음도 삶의 통로'라고 여긴다는 말을 빌리자면, 벌어진 틈 또한 삶의 또 다른 통로이지 않을까. 어쩌면 인간이 신을 만나게 되는 접점일 수도 있겠다.

바다에서
바다로 갑니다.
밥 끌고
집으로 갑니다.
허리 숙여야 살 수 있습니다.

– 이용철(시인), 「밥」

어머니의 허리는 저리 굽어도 괜찮은 줄 알았습니다. 심지어 바다가 열리는 물때에 맞춰 밥 벌러 나가는 꺾인 허리를 '참 정겹다'며 바라본 적도 있습니다. 비척거리며 집으로 오는 어머니의 걸음 뒤로 미역이며 소라, 전복의 무게에 항상 먼저 눈대중한 것 같습니다. 멍 든 삶의 궤적을 당연시하고 말입니다.

곧, 벚꽃 휘날리는 4월이 다가옵니다. 바다와 어머니는 어떤 관계였을까요. 집이었고 밥이었고 전부였습니다. 그러니 바다가 흘린 눈물은 죄다 어머니가 삼키고, 허리 숙인 채 남몰래 흘린 어머니의 눈물은 바다가 울컥울컥 삼켰겠습니다. 천일 동안 물밑에서 허우적거렸던 우리의 어머니가 남은 우리의 아이들을 기어이 데리고 나오리라 봅니다. 다 타버린 심장 때문에 허리는 끝내 펴지질 않겠지요. 우리의 아이들, 참으로 기나 긴 수학여행 중입니다.

어디를 가도 불안한 자식
어미가 집으로 인도하는,
눈에 보이지 않은 끈으로
잡고 있는 아들
내 눈과 입속에 들어있다

― 정이향(시인), 「어미의 손짓」

삼월이지만 아직 봄의 초입은 을씨년스럽고 불안하기만 하다. 계절의 경계를 잘 못짚은 몇몇 철없는 꽃망울이 속없이 변을 당하기도 하는 이맘때, 마우스 브리딩(mouth breathing)을 연상케 하는 디카시 한 편을 마주하게 된다. 갓 부화한 새끼들을 제 입속에 넣어 기르는 '시크리드'라는 열대어가 그 예다. 불안이 날로 가중되는 사회 속에서 차마 뱉지도 삼키지도 못하고 영원히 입안에 머금을 수밖에 없는, 자식을 지키기 위한 어미의 방식인지도 모른다.

이 땅 어미들은 태어날 때부터 새끼를 향해 온몸이 열리는 막강한 칩이 꽂혀있는 건 아닌지. 눈, 입, 귀를 포함하여 언제라도 돌아오면 물릴 젖가슴이 저장되어 있는 것이다. 이는 '끝내 삼킬 수 없는 노래의 목젖'(유하)이다. 늘어진 어미의 젖가슴에 핑, 꽃물이 도는 봄날이다.

팽이야 돌아라!
달팽이야 돌아라
멈추면 거기가 바로
천 길 낭떠러지란다

— 진효정(시인), 「팽이」

문학은 우리로 하여금 잠시 머무르게 할 뿐 아니라 정성껏 바라보게 만든다. 팽이와 달팽이의 상관관계에서 그 어원을 더듬다가 이가림 시인의 '팽이'라는 시를 읽어본다. '내 몸을 쳐라 더 세게… 내 몸을 쳐라 더 아프게' 팽이의 속성이 잘 드러난 수식 문장이다. 진효정의 '팽이' 또한, 멈추는 순간 죽음이듯 느리지만 끊임없이 제 길을 가야 하는 달팽이의 걸음을 재촉하고 있다. 나아가 작가 자신을 향한 채찍질이기도 하겠다.

의도했든 하지 않았든 우리는 기꺼이 소진될 존재이지만 희망을 품고 오른 달팽이에게 저 직립의 나무는 생의 무대인 것이다. 아래를 바라보면 분명 컷cut이겠지만 큐cue를 외치며 천천히 오르는 모습이 경이롭지 않은가. 그렇다면 망망대해 같은 삶속에서 문학이란, 어쩌면 작가에게 있어서 잔잔히 항해할 돛단배가 아닐까.

지난겨울 상처
녹원 속에 더는 붉은
독수리가 되라
저 부리를 봐라 퍼덕이는 날개
해원을 향해

– 한경용(시인), 「상처」

'Turn your scar into your star' 영국 격언으로, '너의 상처를 별로 만들어라'라는 뜻이다. 여기서 상처scar와 별star은 스펠링 하나 차이지만 그 의미 차이는 실로 크다.

높은 암벽에서 만난 시적 형상을 순간 포착하여 언술한 작품이다. 생기를 잃어버린 사물에 주목하게 된 시인은 마치 말씀으로 동물을 지으신 신의 경지에 이르러, 번득이는 부리와 날개를 가진 독수리를 창조해 낸 것이다. 활자매체 대신 영상매체가 주된 소통의 방식인 SNS시대에 멀티언어 예술로 순간 예술성을 잘 드러낸 작품이라고 할 수 있다. 더듬어 보면 각자에게 새겨진 상처의 흔적이 곳곳에 숨겨져 있을지 모른다. 상처로 인해 좌절과 패배의 삶을 살기보다는 다시 일어서는 발판으로 삼아 도처에 널린 문제를 지혜롭게 극복해 나가는 올 한 해가 되었으면 한다.

아무리 감리監理를 잘해도
물속에서는 힘든가 보다
그래도 베끼는 거 보다야 낫다

– 황려시(시인),「부실공사」

비유의 수사법을 통해 표절에 대한 따끔한 일침을 가하는 디카시다. 시는 언어예술로서 표현방법이 다를 뿐 조형예술인 건축과 일맥상통함을 시인은 알았던 것이다. 무엇을 어떻게 쓸 것인가의 단단한 주제를 정하여 기둥을 세우고 단계별로 벽돌을 올려 창문을 달아나가 듯. 하지만 논문표절이 청문회의 주메뉴가 된 지 오래며, 최근 한 여류소설가의 표절의혹으로 문학계가 충격에 휩싸이며 진통을 앓기도 하였다.

급기야 대학가에서는 블랙보드, 카피킬러 등 표절검사기를 도입해 도둑양심을 적발하기에 이르렀다. 대한민국 2만 명 도래한 문학인들의 뒷덜미에 부끄러움을 가르치는 손이 슬금 올랐을 듯한데, 양심이 흔들리는 글은 부실공사보다 못함을 깨닫게 하는 글 앞에서 재건축의 의미를 되짚어볼 일이다. 누대로 부끄럽지 않게 말이다.